Quiero ser presidente

QUIERO SER
presidente

DAN LIEBMAN

FIREFLY BOOKS

A FIREFLY BOOK

Published by Firefly Books Ltd. 2009

Copyright © 2009 Firefly Books Ltd.

First Printing

Publisher Cataloging-in-Publication Data (U.S.)
(Library of Congress Standards)

Liebman, Daniel.
    I want to be President / Dan Liebman.
[24] p. : col. photos. ; cm.   I want to be.
ISBN-13: 978-1-55407-564-5 (bound)
ISBN-10: 1-55407-564-5 (bound)
ISBN-13: 978-1-55407-565-2 (pbk.)
ISBN-10: 1-55407-565-3 (pbk.)
1. Presidents – Vocational guidance – Juvenile literature.
I. Title. II. Series.
321.8042 dc22   JF255.L54 2009

National Library of Canada Cataloguing in
Publication Data

Liebman, Daniel
  Quiero ser presidente / Dan Liebman.
Translation of: I want to be president.
ISBN-13: 978-1-55407-564-5 (bound)
ISBN-10: 1-55407-564-5 (bound)
ISBN-13: 978-1-55407-565-2 (pbk.)
ISBN-10: 1-55407-565-3 (pbk.)
1. Student government--Juvenile literature.
2. Presidents--Juvenile literature. I. Title.
LB3092.L5318 2009   j371.5'9   C2009-902354-7

Published in the United States by
Firefly Books (U.S.) Inc.
P.O. Box 1338, Ellicott Station
Buffalo, New York 14205

Published in Canada by
Firefly Books Ltd.
66 Leek Crescent
Richmond Hill, Ontario L4B 1H1

Photo Credits

Image of the U.S. Federal Government, page 8, front cover

© George A. Walker, pages 6, 7, 9, 10, 13, 14–15, 16, 17, 18, 21, 22, back cover

© Getty Images, pages 5, 11, 19, 20, 23

© AFP / Getty Images, page 12

Reconocimientos:

El autor y el editor desean expresar su agradecimiento a los alumnos del Sr. Elkerton, Sr. Nunes y del Sr. Scanga por su participación y sus ideas.

The publisher gratefully acknowledges the financial support for our publishing program by the Government of Canada through the Book Publishing Industry Development Program.

Printed in China

No es fácil ser presidente. Los presidentes deben pensar en muchas cosas. Un presidente realiza muchas tareas. La gente confía en su presidente.

¿Cómo se llega a ser presidente?

Existen distintos tipos de presidente. Este es el Presidente de los Estados Unidos de América.

Esta chica le está explicando a los demás alumnos por qué deberían votar por su amigo. Ella está haciendo una campaña.

Los candidatos comparten sus ideas con los votantes. Les explican lo que piensan hacer si ganan las elecciones.

Hoy es el día de las elecciones. Es importante que todos voten.

Esta estudiante está marcando una boleta electoral. La boleta indica por quién está votando.

Después de la votación, se cuentan las boletas. La persona que obtiene más votos es la ganadora.

El Presidente de los Estados Unidos está haciendo su juramento. Él está prometiendo hacer lo mejor posible por el país.

El Presidente de los Estados Unidos sabe que debe hacer un gran trabajo. Le da las gracias a quienes lo han ayudado.

Después de las elecciones escolares, ¡es hora de celebrar! Luego llegará la hora de ponerse a trabajar.

Los presidentes de la clase ayudan a planificar las actividades. También recaudan fondos. Escuchan las ideas de los demás.

Nunca se es demasiado joven para pensar en llegar a ser presidente.

Aquí te damos varios consejos, si quieres postularte como presidente:

Aprende sobre muchos temas distintos.

Sé una buena persona.

Coloca afiches.

Asegúrate de que todos oigan tu discurso.

El discurso debería ser interesante.

También puede ser divertido.

No hagas quedar mal a nadie.

Si ganas, no seas presumido.

No hagas promesas que no puedas cumplir.

Y recuerda lo siguiente:

Un presidente debe escuchar las ideas *de todos*.